The Hero of Cinco de Mayo
Ignacio Zaragoza Seguín

El héroe del Cinco de Mayo
Ignacio Zaragoza Seguín

By / Por
José Angel Gutiérrez

Illustrations by / Ilustraciones de
Stephen Marchesi

Spanish translation by / Traducción al español de
Gabriela Baeza Ventura

Piñata Books
Arte Público Press
Houston, Texas

Publication of *The Hero of Cinco de Mayo: Ignacio Zaragoza Seguín* is funded in part by grants from the Clayton Fund, the Texas Commission on the Arts and the National Endowment for the Arts. We are grateful for their support.

Esta edición de *El Héroe del Cinco de Mayo: Ignacio Zaragoza Seguín* ha sido subvencionada en parte por la Clayton Fund, Texas Commission on the Arts y National Endowment for the Arts. Les agradecemos su apoyo.

Piñata Books are full of surprises!

Piñata Books
An Imprint of Arte Público Press
University of Houston
4902 Gulf Fwy, Bldg 19, Rm 100
Houston, Texas 77204-2004

Diseño de la portada por / Cover design by Bryan Dechter

Los datos de catalogación de la Biblioteca del Congreso están disponibles.
Cataloging-in-Publication (CIP) Data is available.

Printed in Hong Kong in November 2019–January 2020
by Paramount Printing Company Limited
7 6 5 4 3 2 1

This book is dedicated to my grandson, Maximus Vincent Price, and to my
great-granddaughter, Camryn Elizabet Richards-Lee that
they may learn a part of their heritage.
—JAG

For Mercy, Louise and Thelma
—SM

Le dedico este libro a mi nieto, Maximus Vincent Price, y a mi bisnieta,
Camryn Elizabeth Richards-Lee, para que ellos
aprendan sobre su herencia.
—JAG

Para Mercy, Louise y Thelma
—SM

Ignacio Zaragoza was born in an old army fort on March 24, 1829 in what is now Goliad, Texas. Ignacio's father, Miguel Zaragoza Valdez, was a soldier, and Ignacio wanted to be just like him. Ignacio and his older brother, Miguel Elodio, would always watch the soldiers marching in and out of the fort.

Ignacio Zaragoza nació el 24 de marzo, 1829 en un viejo fuerte militar que ahora conocemos como Goliad, Texas. El padre de Ignacio, Miguel Zaragoza Valdez, era un soldado, e Ignacio quería ser como él. Ignacio y su hermano mayor, Miguel Elodio, siempre veían a los soldados salir y entrar marchando del fuerte.

When Ignacio was seven years old, Texas became independent from Mexico, and the family had to move to Matamoros, Mexico, where Ignacio started school and learned to read and write. Later, when his father was transferred to Monterrey, Mexico, the family moved again and Ignacio started high school.

———

Cuando Ignacio tenía siete años, Texas se independizó de México y su familia se tuvo que mudar a Matamoros, México, y allí Ignacio empezó a ir a la escuela donde aprendió a leer y a escribir. Más tarde, cuando su padre fue transferido a Monterrey, México, la familia se tuvo que mudar otra vez e Ignacio empezó la preparatoria.

The United States declared war on Mexico in 1846 and Ignacio wanted to join the army but he was too young. He finally enlisted in the Mexican army in 1853, when he turned 24. At that moment he had to leave his family and sweetheart Rafaela Padilla in Monterrey.

Los Estados Unidos le declaró la guerra a México en 1846 e Ignacio quiso enlistarse en el ejército pero era muy joven. Finalmente logró entrar al ejército mexicano en 1853 cuando cumplió 24 años. En ese momento tuvo que dejar a su familia y a su novia Rafaela Padilla en Monterrey.

Ignacio did not come home to Monterrey very often because he was away serving his country. He did not even come home to marry Rafaela on January 21, 1857. His brother, Miguel Elodio, had to stand in for him during the wedding ceremony. Ignacio and Rafaela eventually had four children, three boys and one girl.

Ignacio no viajaba a Monterrey con mucha frecuencia porque estaba lejos sirviendo a su país. Ni siquiera volvió a casa para casarse con Rafaela Padilla el 21 de enero de 1857. Su hermano, Miguel Elodio, tuvo que sustituirlo en la ceremonia de matrimonio. Ignacio y Rafaela eventualmente tuvieron cuatro hijos, tres varones y una niña.

Ignacio was a very good soldier and was promoted to captain because he won many battles. When the famous Benito Juárez became president of Mexico, he made Ignacio commander of the army and the navy.

Ignacio era muy buen soldado y fue promovido a capitán porque ganó muchas batallas. Cuando el famoso Benito Juárez fue elegido presidente de México, él nombró a Ignacio comandante del ejército y de la armada.

In 1862, the strongest army in the world, the French army, came to conquer Mexico. General Ignacio Zaragoza was in charge of defending his country. He studied the maps to figure out which route the French would use to travel to Mexico City, the capital, and he saw that they would have to go through the city of Puebla.

En 1862, el ejército más poderoso del mundo, el ejército francés, vino a conquistar a México. El general Ignacio Zaragoza estaba a cargo de la defensa del país. Estudió los mapas para identificar la ruta que seguirían los franceses para llegar a la capital, la Ciudad de México, y vio que tendrían que pasar por la ciudad de Puebla.

Besides having to march uphill toward Mexico City, which is located in a very high valley, there was another barrier the French had to overcome: the deadly typhoid fever. Before they even made it to Puebla, many French soldiers became infected with typhoid, they suffered from high fever, dehydration, and because there was no cure they died. Many of General Zaragoza's troops also perished from this illness, as well as his wife and their three sons. Rafaela was only 25 years of age when she died. Although Ignacio was heartbroken, he had to continue defending his country.

Además de marchar cuesta arriba para llegar a la ciudad de México, la cual está en un valle muy alto, había otras barreras que los franceses tenían que sobrepasar, como la mortal fiebre de tifoidea. Antes de llegar a Puebla, muchos soldados franceses se infectaron de tifoidea y, como no había tratamiento, sufrieron fiebres altas y deshidratación hasta que murieron. Los soldados en las tropas del general Zaragoza también murieron de tifoidea, como también su esposa y sus tres hijos. Rafaela apenas tenía veinticinco años. Ignacio estaba destrozado, pero tenía que seguir defendiendo a su país.

General Zaragoza prepared for battle knowing that the Mexican army was not well equipped and did not have as much experience as the French army. Many Mexican troops were volunteers, including women. The French army had professional soldiers and more guns and canons than the Mexicans, who didn't even have enough uniforms to go around.

El general Zaragoza se preparó para la batalla sabiendo que el ejército mexicano no estaba bien equipado y no tenía la experiencia del ejército francés. Muchos de los soldados de las tropas mexicanas eran voluntarios, incluyendo a las mujeres. El ejército francés tenía soldados profesionales y muchos más fusiles y cañones que los mexicanos, quienes ni siquiera tenían suficientes uniformes para todos.

As the French army approached Puebla, General Zaragoza moved his forces to high ground and had them dig trenches between two big forts at the edge of the city. He knew that in the spring, it often rained a lot during the afternoon. As a result, he ordered his soldiers to keep their bullets and gun powder dry while they waited for the French soldiers.

Mientras avanzaba el ejército francés hacia Puebla, el general Zaragoza movía sus fuerzas a tierra alta y les ordenaba que cavaran trincheras entre dos grandes fuertes a la orilla de la ciudad. Él sabía que en la primavera siempre llovía por la tarde y por eso les ordenó a sus soldados que protegieran las municiones y la pólvora de la lluvia mientras esperaban a los soldados franceses.

Before the main battle started, General Zaragoza took some of his soldiers with him to pick a fight with the French near Orizaba, a town close to Puebla. He wanted to see how many soldiers the French had and how good their cannon shots were. He quickly realized he was in for the fight of his life. The French soldiers and equipment were too good for his army. General Zaragoza retreated to Puebla, and laid a trap.

Antes del inicio de la batalla principal, el general Zaragoza llevó a unos soldados para enfrentar a los franceses cerca de Orizaba, un pueblo cerca de Puebla. Quería saber cuántos soldados tenían y si disparaban los cañones bien. Pronto descubrió que estaba en una lucha de vida o muerte. Los soldados franceses y su equipo eran mucho mejor que su ejército. Rápidamente se regresó a Puebla y les tendió una trampa.

General Zaragoza positioned the Mexican soldiers in the trenches so they could shoot at the French troops as they tried to climb uphill. He knew that the French canons would not be able to hurt the Mexican soldiers because they could not shoot uphill. Plus, the French soldiers would have a hard time climbing up the hill that had turned into mud because of the rains.

El general Zaragoza posicionó a los soldados mexicanos en las trincheras para que pudieran dispararles a las tropas francesas mientras escalaban el cerro. Sabía que los cañones franceses no podrían disparar cuesta arriba y hacerles daño a los soldados mexicanos. Además, los soldados franceses batallarían para escalar el cerro que ahora estaba cubierto de lodo por las lluvias.

The battle of Puebla began on the morning of May 5. The French were soon losing men as they tried to reach the Mexican soldiers in the trenches. The rain came in the afternoon and surprised the French soldiers. Their ammunition got wet and many more were shot and killed. After the French lost 462 men, they had to retreat. In this battle, General Zaragoza only lost 83 men.

La Batalla de Puebla comenzó la mañana del 5 de mayo. Los franceses pronto empezaron a perder muchos hombres mientras intentaban alcanzar a los soldados mexicanos en las trincheras. La lluvia llegó por la tarde y sorprendió a los soldados franceses. Se les mojaron las municiones, y muchos más fueron heridos y murieron. Cuando los franceses vieron que habían perdido a 462 hombres, decidieron retirarse. El general Zaragoza sólo había perdido 83 hombres.

On that date, *cinco de mayo*, General Zaragoza sent a telegram to President Benito Juárez reporting that he had defeated the French army. President Juárez ordered General Zaragoza to come to Mexico City, where he was given a parade. President Juárez praised Ignacio Zaragoza as the hero who saved Mexico and proclaimed that May 5th would forever be a Mexican holiday.

El general Zaragoza mandó un telegrama al presidente Benito Juárez el día cinco de mayo para informarle que había vencido al ejército francés. El presidente Juárez le ordenó al general Zaragoza que fuera a México, donde se le honró con un desfile. El presidente Juárez elogió a Ignacio Zaragoza como el héroe que salvó a México y proclamó que cada 5 de mayo sería un día festivo en México.

General Ignacio Zaragoza went back to Puebla after the fiestas in his honor. Unfortunately, like many others, he became ill with typhoid fever. He suffered with a fever that lasted a week before he died on September 8, 1862. General Zaragoza was only 33 years old.

Ignacio Zaragoza's portrait is featured on the $500-peso bill and there are many monuments in his honor.

El general Ignacio Zaragoza regresó a Puebla después de las fiestas en su honor. Desafortunadamente, como muchos otros, se enfermó de tifoidea. Tuvo calentura por una semana antes de morir el 8 de septiembre de 1862. El general Zaragoza apenas tenía 33 años.

Ignacio Zaragoza es recordado en México con su retrato en el billete de 500 pesos y con muchos monumentos.

Ignacio Zaragoza was buried in a Mexico City cemetery until the state of Puebla built a monument in his honor on the 100th anniversary of the Cinco de Mayo Battle. His wife, his three sons and he were re-buried in the monument in the city of Puebla in 1976. Visitors come to the city from all over the world to see the monument and remember his heroic deeds.

Ignacio Zaragoza fue sepultado en el cementerio de la Ciudad de México hasta que el estado de Puebla hizo un monumento en su honor por el centenario de la Batalla de Puebla. Su esposa, tres hijos y él fueron sepultados de nuevo en el monumento en la ciudad de Puebla en 1976. Visitantes de todas partes del mundo vienen a la ciudad para celebrar sus actos heroicos.

In the United States, Ignacio Zaragoza is also beloved because he was born in Goliad, Texas, and was of Mexican descent, as are many people across the United States. Today, Cinco de Mayo is more widely celebrated in the United States than in Mexico as a national day of pride for Mexican heritage.

En los Estados Unidos, Ignacio Zaragoza también es querido porque nació en Goliad, Texas, y era de ascendencia mexicana, como muchas personas en los Estados Unidos. Hoy, el Cinco de Mayo se celebra más en los Estados Unidos que en México como una muestra del orgullo en la herencia mexicana.

José Angel Gutiérrez is Professor *Emeritus* of Political Science and founder of the Center for Mexican American Studies at the University of Texas-Arlington. He was a leader during the Chicano Movement and was featured in documentaries on the movement and other civil rights leaders. He has received many professional honors, including the 2018 National Hispanic Hero Award from US Hispanic Leadership Institute. He was an elected public and appointed public official in Oregon.

José Angel Gutiérrez es profesor emérito de ciencias políticas y fundador del Centro de estudios méxicoamericanos en la Universidad de Texas-Arlington. Fue un líder durante el Movimiento Chicano y figuró en documentales sobre el movimiento y otros líderes de derechos civiles. Ha recibido muchos honores profesionales, entre ellos el National Hispanic Hero Award del US Hispanic Leadership Institute. Fue elegido y nombrado como funcionario público en Oregon.

Stephen Marchesi is a graduate of the High School of Art and Design (New York City) and the Pratt Institute. After working as an assistant art director in an advertising agency he became a freelance illustrator in the children's book field. His paintings and drawings have appeared on over 500 book covers as well as in magazines, posters, records and cd covers. His original art has been exhibited at the Brandywine Museum, the Stamford Museum, the Norman Rockwell Museum, the International Museum of Cartoon Art, the Baseball Hall of Fame and the Delaware Art Museum among others. He resides in Las Vegas, Nevada.

Stephen Marchesi se graduó de High School of Art and Design (New York City) y Pratt Institute. Después de trabajar como director de arte en una agencia de publicidad trabajó como ilustrador independiente en el campo de literatura infantil. Sus pinturas y dibujos han aparecido en más de 500 portadas de libros, revistas, posters y discos. Sus obras se han exhibido en Brandywine Museum, Stamford Museum, Norman Rockwell Museum, International Museum of Cartoon Art, Baseball Hall of Fame y Delaware Art Museum, entre otros. Vive en Las Vegas, Nevada.